Liebe Ingrid

Danke dir . . .

In Liebe,
Sten

Stan Geurts

Der Löwe, der zum Vegetarier wurde

Illustriert von Andrea Tschöp

www.gesafa.de

Verlag GESAFA
Gelesenes Sach- und Fachbuch

ClimatePartner
klimaneutral
Druckprodukt | ID 53124-1802-1001

MIX
Papier aus verantwortungsvollen Quellen
FSC® C006024
www.fsc.org

ISBN 978-3-943273-04-5

1. Auflage 2018

Idee, Inhalt und Text: Stan Geurts
Lektorat: Christine Lemke
Umschlag- und Innenillustrationen sowie Textsatz:
Dipl. Des. (FH) Andrea Tschöp
gesetzt aus: Expressway Rg und James Fjardo
Gesamtherstellung:
das druckhaus beineke dickmanns gmbh, Korschenbroich (das-druckhaus.de)

Hergestellt in Deutschland

Inhalt

S. 6 Einführung
S. 14 Roter Planet
S. 16 Orangefarbener Planet
S. 18 Weltall
S. 20 Gelber Planet
S. 22 Schöne Frau
S. 24 Brüllender Löwe
S. 26 Omahammahumm
S. 28 Jagd
S. 30 Grüner Planet
S. 36 Blauer Planet
S. 38 Regenbogen
S. 39 Indigo Planet
S. 43 Violetter Planet
S. 45 Ende
S. 46 Ergänzende Information
S. 47 Dank
S. 48 Für Dich!
S. 49 Deine Seite

Einführung

Mit Hilfe dieses Familienbuches wollen wir das Miteinander von Erwachsenen und Kindern durch gemeinsam verbrachte Zeit fördern. Nur über die Verbindung zwischen Menschen, durch gemeinsames Erleben, das Beschreiben von Wahrnehmungen um uns herum, Gedanken und Gefühlen – und den Dialog darüber – kann ein gutes Mit- statt Gegeneinander gelingen. Es ist dabei unerheblich, ob der Erwachsene Mutter, Vater, Tante, Onkel, Großmutter, Großvater usw. ist. Wichtig ist es, über den Inhalt des Buches ins Gespräch zu kommen. Sich gemeinsam mit Kindern auf eine Phantasiereise zu begeben, ist auch für Erwachsene eine Anregung, um sich und den eigenen Gefühlen und deren Unterschieden wieder näher zu kommen.

Wir Mitteleuropäer leben in einer Zeit, in der viele – nicht alle – fast alles haben können, was sie möchten. Doch trotz des Wohlstandes fragen wir uns, ob wir wirklich glücklich sind. Durch die Anforderungen der Leistungsgesellschaft stehen viele unter großem Druck. Kinder werden schon früh durch Kindertagesstätten oder in der Schule in Rahmen gepresst. Im Zusammenleben fühlen sie sich oft nicht wahrgenommen und zurückgesetzt. Kinder leben von einem Augenblick zum anderen und wechseln die Stimmung, ohne viel darüber nachzudenken. Sie lernen nur über Gefühle, die eine Brücke zur Seele bilden. Fühlen Kinder die Verbundenheit mit ihrer Seele, sind sie glücklicher, lernen leichter und haben mehr Energie und Lebensfreude. Sie benötigen jedoch die Weisheit und Erfahrung der Erwachsenen, um auf spielerische Art ihr Leben zu entdecken. Es wäre schön, wenn dieses Buch dazu beitragen könnte, wieder das Gespräch in der Familie anzuregen, um den alten Werten von Liebe und Weisheit neues Leben einzuhauchen.

Diese Geschichte verbindet uns mit der Kreativität und den Talenten, die wir alle haben. Kinder und Erwachsene brauchen einander, wobei die Kinder wie ein Spiegel sind, der uns mit unserer tiefsten Wahrheit konfrontiert, die wir als Erwachsene oft vergessen haben. Sie haben ein natürliches Bedürfnis, sich in Bildern und Metaphern zu verlieren. Dadurch wird ihr Unbewusstes angeregt und ihre Entwicklung gefördert.

Unsere Kinder sind unsere Zukunft.

Wenn wir mit ihnen sprechen und ihnen zuhören,

sind wir im Gespräch mit unserem Schöpfer.

Es ist mein Wunsch,

dass jedes Kind als Geschenk des Himmels

angesehen wird.

(Stan Geurts)

Hallo du,

ja, dich meine ich. Vielleicht hast du es schon gehört. Ich war unterwegs in einem Land, weit, weit entfernt. In diesem Land gab es schöne grüne Wiesen und wunderbare bunte Blumen. Aber keine Autos. Die Menschen, die dort wohnten, brauchten auch keine, sie waren nämlich so leicht, dass sie sogar über große Entfernungen hüpfen konnten. Müde wurden sie dabei nicht, darum war das Hüpfen auch nicht gefährlich und keiner brauchte einen Helm zu tragen. Wenn in seltenen Fällen doch mal jemand hinfiel, war der Boden so weich, dass sich niemand verletzte.

Und weißt du, was das Allerschönste war?
Das Licht. Es war wie im Märchen, so schön hell. Niemals blendete es in den Augen. Nicht so wie die Sonne hier, die dich fast blind macht, wenn du hineinschaust. Nein, wenn du in dieses Licht sahst, wurde alles noch viel schöner. Alle Menschen, vor allem die Kinder, strahlten selbst wie eine Sonne. Es war einfach wunderbar. Kannst du dir das vorstellen? Na, dann mach das mal. Vielleicht gefällt dir ja auch der Gedanke, dass dieses Licht dich umschließt und einhüllt wie große, warme Hände, die dich tragen und beschützen, wo immer du auch bist.

Eines Tages unternahm ich eine Wandertour. Obwohl der Weg bergauf und bergab führte, ging ich ganz leicht und mühelos. Ein wunderbarer Duft lag in der Luft. Ich brauchte nur an etwas zu denken – und schon konnte ich es auch riechen. Woran auch immer ich dachte, es war sofort in meiner Nase. Und sogar schmecken konnte ich das, woran ich dachte. Vielleicht versuchst du selbst einmal, an etwas Leckeres zu denken. Riechst oder schmeckst du etwas? Ich mochte am liebsten dieses hellrote Erdbeereis. Sobald ich nur daran dachte und es mir vorstellte, konnte ich sofort die Erdbeeren riechen und hatte den Geschmack im Mund. Stellte ich mir Blumen vor, nahm ich schon ihren Duft wahr.

Ich war sehr glücklich. So glücklich, dass mir überhaupt nur Schönes in den Sinn kam. Und was dann geschah, konnte ich zuerst gar nicht glauben. Hier in unserem Land wollte ich oft gleich in den Laden gehen und etwas kaufen. Dort aber war es anders. Als ich die Gerüche aufnahm, war sofort mein Magen voll, und nicht nur das, bis obenhin war ich voller Freude. Ich brauchte gar nicht zu denken an Haben, Haben oder Kaufen, Kaufen… Vielleicht kennst du das, wenn es im Bauch zerrt, zieht oder reißt. Meist ist das kein schönes Gefühl. Fast alle Menschen haben es schon mal, wenn sie unzufrieden oder nicht glücklich sind. All das gab es dort nicht. In mir und überall um mich waren die wunderbaren Gefühle von Leichtigkeit, großem Frieden und Ruhe.

Plötzlich sah ich, dass sich in der Ferne etwas bewegte. Kaum traute ich meinen Augen. Schließe doch mal deine Augen und stelle dir folgendes vor: In einiger Entfernung sah ich einen riesigen Löwen. Ich ging näher heran, um besser sehen zu können. Er lief durch die grüne Wiese – und hinter ihm her sieben kleine Lämmer. Es sah aus, als wäre ein Papa mit seinen Kindern unterwegs. Schon komisch, nicht? Ich setzte mich vorsichtshalber hinter einen Baum, weil ich noch ein bisschen unsicher war, ob der Löwe Hunger hatte und mich vielleicht fressen würde. Diese Unsicherheit spürte ich als feines Zittern in meinem ganzen Körper. Aber weil ich hinter dem Baum saß, fühlte ich mich doch sicher genug, um das alles zu beobachten und nicht zu fliehen.

Die Lämmer hatten übrigens noch Besonderheiten. Zwar sahen sie auf den ersten Blick alle ziemlich ähnlich aus, wie das eben so bei Lämmern ist. Jedoch waren ihre Augen so ganz anders, nicht wie normale Lämmeraugen. Alle sieben hatten *wunderschöne, strahlende Augen*. Bei jedem dieser Tiere strahlten sie in einer anderen Farbe: rot, orange, gelb, grün, hellblau, tiefblau – und beim letzten waren sie violett.

Eine Weile liefen die Tiere umher, bis sie einen schönen Platz am Teich gefunden hatten. Dort legten sie sich ganz ruhig nieder. Was danach passierte, war so ungewöhnlich, dass ich zu träumen glaubte. Ich rieb meine Augen, kniff mir in den Arm, um festzustellen, ob das was ich sah auch wirklich so war. Sowohl die Lämmer als auch der Löwe fingen an zu essen – und alle aßen GRAS! Bei Lämmern ist das ja nichts Besonders, aber hast du schon mal einen Löwen als Vegetarier gesehen? Vegetarier ist ja ein schwieriges Wort. Es bezeichnet jemanden, der kein Fleisch isst, und zwar nicht, weil er das nicht mag, sondern weil sein Herz wehtut, wenn er an die Tiere denkt, die getötet werden, weil sie von anderen aufgefressen werden sollen. Ich kenne auch Vegetarier, die kein Fleisch essen, weil sie Angst haben, davon krank zu werden. Sie sind eigentlich keine Vegetarier. Vielmehr sind sie Hasen, keine normalen Hasen, sondern Angsthasen. Dir ist ja klar, dass dieser Löwe kein Angsthase war.

Nachdem alle satt waren, gab es eine neue Überraschung. Der Löwe setzte sich stolz und mit geradem Rücken – so wie Löwen das eben tun – auf einen kleinen Hügel. Die sieben Lämmer setzten sich fast im Kreis um ihn. In der Zwischenzeit war ich etwas näher herangerückt und hörte gerade noch, wie eines der Lämmer zu dem Löwen sagte: »Jetzt möchte ich gern wissen, warum du nicht uns frisst, sondern nur das Gras.«

Dieses erste der sieben Lämmer – es war das mit den *roten Augen* – hörte besonders aufmerksam zu, als der Löwe sich ihm zuwandte: »Du bist zuerst dran, du mit den rot strahlenden Augen.« Mit einem ganz liebevollen Blick, den wir ja normalerweise nicht von einem Löwen kennen, und mit leiser, aber klarer Stimme begann der Löwe zu sprechen.

»Weißt du«, sagte er, »ich war einmal auf einem Planeten, der einen roten Stern umkreiste. Der Stern war so rot wie deine Augen. Auf diesem Planeten lebten Tiere und Menschen so zusammen, als wären sie alle eins. Wenn ein Mensch oder ein Tier traurig war, fühlten die anderen diese Traurigkeit auch.« Das kleine Lamm nickte mit dem Kopf, weil es das Gefühl von Traurigkeit kannte.

Kennst du das Gefühl auch, so als wäre dein Herz voller Tränen? Das haben alle Menschen, natürlich auch Kinder, wenn etwas geschieht, was nicht gerecht ist. Weil auf diesem Planeten alle die Traurigkeit fühlen konnten, gab es jederzeit jemanden, der Trost spenden konnte. War jemand mal unruhig oder böse, merkten alle anderen das auch. Statt dann ebenfalls unruhig oder böse zu werden, unternahmen sie etwas, damit Unruhe und Ärger wieder schnell vergingen. Alle liebten sich gegenseitig und taten immer etwas Gutes füreinander.
Der Löwe erzählte weiter: »Eben weil ich da zu Gast war, konnte ich mich natürlich nicht wie ein normaler Löwe benehmen. Immer wenn ich hungrig war und jemanden fressen wollte, kamen sie von allen Seiten mit herrlichen Speisen angerannt. Obwohl ich vorher Lust auf ein leckeres Stück Fleisch gehabt hatte, war es mir durch diese umfassende Liebe gar nicht mehr möglich, überhaupt nur daran zu denken. Ich fühlte mich zwar etwas komisch«, sprach der Löwe weiter, »aber auf der anderen Seite auch glücklich. Schließlich musste ich kein anderes Tier jagen, um es zu fangen. Ein wenig träge und bequem wurde ich auch, brauchte ich mir doch keine Gedanken darüber zu machen, ob ich etwas zu essen hatte. Als Gast wurde ich sehr gut versorgt mit allem, was mein Herz begehrte. So macht man das doch mit Gästen, oder? Das nennt man

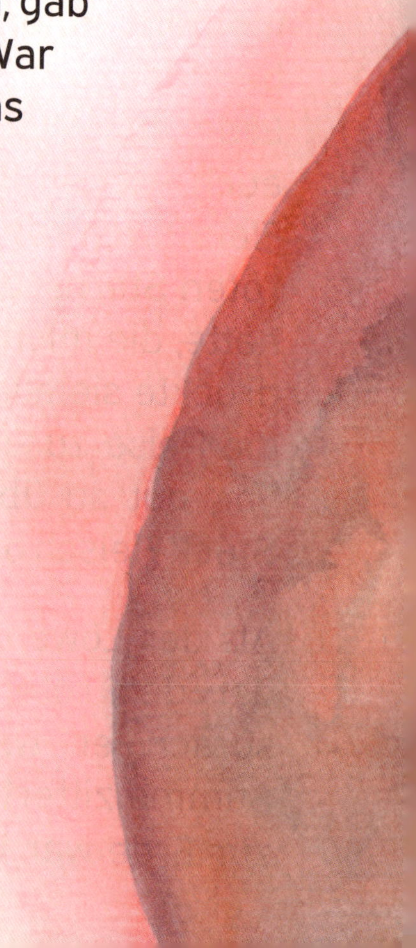

Gastfreundschaft, dieses Gefühl, das von Herzen kommt. Wenn das nicht da ist, sollte man keinen Gast hereinlassen.

Nach und nach verschwanden meine Gedanken an ein gutes Stück Fleisch. Ich brauchte nicht zu jagen und aß nur noch die Dinge, die mir angeboten wurden.

Als die Tage so vergingen, begann ich meine Löwenfreunde zu vermissen. Es wurde Zeit, meinen Aufenthalt auf diesem Planeten zu beenden und zu meinem Heimatplaneten, der Erde, zurückzukehren. Ab und zu meldete sich auch wieder das Verlangen nach einem Stück Fleisch. Ich nahm Abschied von dem Planeten des roten Sterns, dankte allen, die ich kennengelernt hatte, die mich so geliebt und viel gelehrt hatten, drückte sie alle mal kräftig und machte mich auf die Reise zurück zur Mutter Erde. Ich nahm mir vor, gut zu überlegen, ob ich wirklich noch ein Stück Fleisch bräuchte.«

Als der Löwe die Geschichte über den Planeten, der den roten Stern umkreist, beendet hatte, sprach er wieder zu allen Lämmern. Seine Stimme zitterte leicht. »Auf meiner Reise zurück zur Erde war ich schon etwas traurig«, sagte er. »Ich wäre gerne noch ein Weilchen dort geblieben, weil alle so eins waren. Überall war eine so gute Stimmung. Ich spürte so etwas wie Fernweh. Das ist ein komisches Gefühl im Bauch, so als würdest du nicht gern nach Hause gehen, sondern lieber irgendwo anders sein. Diese Gefühl kann man schon mal haben. Zu Hause ist ja auch nicht immer nur Friede, Freude und Eierkuchen. Das ist ganz normal und völlig okay. Wenn ich daran dachte, dass auf der Erde die Tiere immer fressen und gefressen werden und dass es Menschen gibt, die immer alles haben müssen, wollte ich eigentlich gar nicht mehr zurück. Irgendetwas zog mich aber trotzdem wieder zur Erde. Eine innere Stimme schien mir zu sagen, ich hätte auf dem wunderbaren Planeten, den wir Erde nennen, noch etwas zu erledigen. Ich versprach mir selbst, gut aufzupassen und mich so zu benehmen wie die Lebewesen auf dem Planeten des roten Sterns. Damit war die innere Stimme ganz zufrieden und ich vertraute einfach darauf, dass sie mir schon einflüstern würde, was ich zu tun hätte, wenn es mal schwierig würde.
Nach meiner Rückkehr zur Erde dauerte es aber nicht lange, bis ich vieles von dem vergaß, was ich gelernt und erfahren hatte. Nach einiger Zeit war

ich fast wieder genauso wie früher. Nicht ganz so, weil sich tief in mir das Gefühl regte, es könnte vielleicht doch nicht in Ordnung sein, immer hinter anderen Tieren herzurennen, um mein Essen zu beschaffen. Dennoch war ich nach einiger Zeit wieder wie alle anderen auf der Erde.

Nach und nach wuchs der Wunsch, wieder eine Reise zu machen. Diesmal wollte ich zu dem Planeten, der einen *orangefarbenen Stern* umkreiste.« Der Löwe wandte jetzt seinen großen Kopf zu dem Lamm mit den klaren orangefarbenen Augen und begann, über seine Reise zu dem Planeten mit dieser Farbe zu erzählen.

Das kleine Lamm mit den *orangen Augen* war persönlich angesprochen und deshalb sofort besonders aufmerksam und es spitzte die Ohren. »Nun«, sprach der Löwe, »als ich nach einer schönen Reise mein Ziel erreichte, fiel mir zuerst die orangefarbene Glut auf, die den ganzen Planeten, aber auch meinen Körper durchdrang und wie eine wunderbare warme Decke umhüllte. Es war aber anders als auf dem roten Planeten. Hier gab mir das

Licht das sichere Gefühl, ich könne sein, wer ich war.
Auf der Erde ist das manchmal sehr schwierig. Da müssen wir – vor allem als Kind – manchmal etwas tun, von dem wir nicht wissen, warum. Das kann sich so anfühlen, als hätten wir einen dicken Klumpen im Bauch oder etwas Schweres um den Hals hängen.

Als ich nach einer kurzen Wanderung den ersten Wesen begegnete, spürte ich, dass sie mich ohne Zögern einfach so annahmen wie ich war. Nicht nur das, sie freuten sich sogar mir zu begegnen, obwohl sie wahrscheinlich noch nie einen Löwen gesehen hatten.

Das war so ganz anders als auf der Erde, wo die Menschen sofort Angst bekamen, wenn sie mich sahen. Oft hatten sie ein Gewehr dabei. Viele meiner Löwenfreunde hatten dadurch schon ihr Leben verloren. Es ist nicht so, dass du auf der Erde keine Angst vor Löwen haben solltest, denn sie sind ja normalerweise keine Vegetarier und essen Fleisch. Auch Menschenfleisch. Vorsicht ist also angeraten. Auf diesem Planeten hatten die Wesen wirklich keine Angst. Deshalb hatte ich auch keine Angst vor ihnen und brauchte ihnen nicht durch mein Gebrüll zu zeigen, wie stark ich war. Irgendwie hatten alle, denen ich auf dem Planeten des orangen Sterns begegnete, große Freude am Leben und waren *glücklich*, wenn es den anderen gut ging. Eifersucht oder Neid gab es nicht. Alle waren verschieden, einer konnte singen, einer tanzen oder malen oder Musik machen. Alle bemühten sich, ihre Sache gut zu machen. Sie waren zwar unterschiedlich, hatten aber überhaupt kein Problem damit. Sie freuten sich eben, gemeinsam den Planeten zu einem schönen Platz zu machen, auf dem sich jeder richtig wohlfühlte. In meiner ganzen Zeit auf diesem wunderbaren Planeten bin ich niemals jemandem begegnet, der Angst vor mir hatte oder eifersüchtig auf einen anderen war.
Jeder Tag wurde mit einem schönen Beisammensein abgeschlossen. Dabei wurde viel gekuschelt. Wenn mal einer gestreichelt werden wollte, war sofort jemand da, der das gern tat. Dort habe ich gelernt, wie schön es ist, gestreichelt zu werden, aber auch zu streicheln. Ich lernte, dabei meine scharfen Krallen einzuziehen und nur die weichen Ballen unter meinen Tatzen einzusetzen.

Nach und nach merkte ich, dass in mir doch noch der alte Löwe steckte, der König der Steppe. Hier konnte ich aber nicht König sein, weil eben alle gleich waren. Sowohl die Menschen als auch die

Tiere lebten so miteinander, als gehörten sie zusammen. Ein König oder Minister, der die Macht und das Sagen haben wollte, war überhaupt nicht nötig. Ich bekam Heimweh. Als die Sehnsucht zur Erde stärker wurde, begann ich meine Rückkehr vorzubereiten. Als ich immerfort daran denken musste, nahm ich mit Bauchschmerzen Abschied von dem Planeten mit all den netten Bewohnern und trat den Heimweg an.

Die Reise zurück zur Erde nahm ich eigentlich kaum wahr, etwa so, als hätte ich tief und fest geschlafen. Ich träumte von einer Reise durch das All. Kannst du dir das vorstellen?

Im Weltall gibt es *kein Oben oder Unten, auch kein Links und kein Rechts.*

Es ist so **riesengroß**. Weißt du, was das Allerschönste im All ist? Du bist so leicht wie ein Vogel. Überall siehst du Sterne in leuchtenden Farben und hörst wunderbare Musik. Es ist sehr spannend, weil du überall gleichzeitig sein kannst, eigentlich bist du in allem und alles ist in dir, komisch nicht? Wenn du nur an einen anderen Menschen denkst, ist er sofort da. Du fühlst, dass alle Menschen einander lieben, auch wenn sie es auf der Erde manchmal nicht so zeigen können. Vielleicht fällt es dir schwer, dir das vorzustellen, aber ich sage dir, es ist wirklich wahr. Das Allerallerschönste ist das Gefühl, dass du von einer großen warmen Hand getragen wirst. So eine Reise ist wirklich toll. Ich fand es schade, als sie vorbei war.

Als mir klar wurde, dass ich wieder auf der Erde war, erinnerte mich nur noch ein schönes Gefühl tief in meinem Bauch an die Reise. Es sagte mir, dass ich vielleicht doch ein friedlicher Löwe sein könne. Nur war mir ein Rätsel, wie ich das schaffen sollte. Ich nahm mir aber vor, alle anderen Tiere als gleichwertig anzusehen und nicht mit dem Stolz eines Löwen zu betrachten, der sich immer und überall als König und Herrscher über alle fühlt.

Kennst du das auch? Vielleicht aus dem Kindergarten oder der Schule? Jemand meint, dir mit harten Worten sagen zu müssen, was du zu tun hast. Weil er oder sie meinen, sie hätten über dich zu bestimmen, als seien er oder sie dein Herrscher, fühlst du dich klein und ängstlich. Das ist ein ziemlich unangenehmes Gefühl, weil du kaum etwas dagegen tun kannst. Das Beste ist dann natürlich, mit jemandem darüber zu reden und mit ihm oder ihr deine Gefühle zu teilen.

Das mit dem friedvollen Löwen hat leider nicht so gut geklappt. Ich merkte allerdings, dass ich nicht mehr so viel Lust auf Fleisch hatte. In meinem Bauch schien sich ein wärmeres, zufriedenes Gefühl auszubreiten. Irgendwie fühlte ich mich leichter, was mich ständig an meinen Traum von der Reise durch das All erinnerte.

So verging die Zeit. Ich wunderte mich, dass ich nicht mehr so viel Appetit hatte wie sonst. Zwar ging ich auf die Jagd, aber es kostete mich mehr Mühe, hinter anderen Tieren herzulaufen. Ich war einfach zufriedener mit mir selbst. Die Erinnerung an den Traum wurde stärker, der Wunsch nach einer erneuten Reise vergrößerte sich.«

Alle Lämmer lauschten bis zum Ende gebannt dem Bericht des Löwen, besonders natürlich das Lamm mit den orangefarbenen Augen. Ein bisschen traurig war es schon, als der Löwe seinen Kopf zu dem Lamm mit den *gelben Augen* wandte. Die Augen dieses Lammes erstrahlten in einem wunderschönen, hellgelben Licht, als der Löwe mit einem »Hm, hm« begann. Er runzelte die Stirn und erzählte von seiner Reise zu dem Planeten, der den *gelben Stern* umkreist.

»Das war schon eine eigenartige Reise«, sprach der Löwe. »Auf dem Weg – oder besser Flug – dahin verspürte ich eine besonders große Freude. Ich weiß nicht wieso, aber es fühlte sich so an, als käme ich an einen Ort zurück, an dem ich schon einmal gewesen war. Als ich ankam, fiel mir zuerst auf, dass es dort genauso aussah wie auf der Erde. Nur sauberer war es hier. Überall war das Wasser klar, die Luft war rein. Es gab keine einzige Wolke. Die Sonne blendete nicht so wie auf der Erde, vielmehr strahlte sie in einer weichen, hellgelben Farbe und brannte nicht auf der Haut.

Als ich an einem Teich vorbeikam, spiegelte sich mein Bild auf der Wasseroberfläche. Erstaunt nahm ich wahr, dass ich gar nicht mehr aussah wie ein Löwe. Merkwürdigerweise überraschte es mich nicht allzu sehr: Ich sah aus wie ein Mensch. Verstehen konnte ich das nicht, aber scheinbar war hier das Unmögliche möglich. Zwar hatte ich noch blonde Locken wie vorher, aber das war auch das Einzige, das mich noch an meinen Löwenkörper erinnerte. Es war etwas fremd, plötzlich auf zwei Beinen laufen zu müssen, aber nach ein paar Schritten ging das wunderbar. So etwas kommt eigentlich nur im Traum vor, jedoch hatte ich nicht das Gefühl zu träumen. Scheinbar ist das manchmal schwer zu unterscheiden. Mir

wurde klar, dass ich schnell lernte, was mich natürlich sehr freute.

Es war schon spät geworden und die Dunkelheit brach herein. Ich war so tief in Gedanken versunken, dass ich das Haus, das in einer kleinen Straße stand, vorher gar nicht bemerkt hatte. Dieser Planet schien also besiedelt zu sein. Warmes Licht fiel aus dem Fenster und ich klopfte an die Tür.

Eine Frau mit langen *schwarzen Haaren* öffnete und sah mich mit liebevollem Lächeln an. Sie hatte *strahlend blaue Augen*, glänzend weiße Zähne, und an ihrem Körper trug sie prachtvolle Juwelen. Ein kleines schwarzes Haarlöckchen ringelte sich wie ein Kreis zwischen ihren Augen. ›Bist du auf der Suche nach einem Schlafplatz? ‹, fragte sie, als ob das selbstverständlich wäre. Ich fühlte, dass mein Bauch von einem tiefen Glücksgefühl erfüllt und ganz warm wurde. Das war ja ein gutes Willkommen nach einer so langen Reise. Ich antwortete, dass ich tatsächlich einen Platz zum Schlafen suchte. ›Tritt doch ein‹, sprach die Frau und ging vor mir her durch einen langen Flur. Sie bewegte sich nicht wie ein normaler Mensch, eher schien sie ein wenig über dem Boden zu schweben, als hätte die Schwerkraft keine Wirkung auf sie.

Wir betraten ein Zimmer, in dem wunderbares Essen auf dem Tisch stand. Es war gedeckt für zwei, und die Frau meinte: ›Nimm bitte Platz, ich habe dich schon erwartet.‹ Ich wunderte mich, wie konnte sie wissen, dass ich kam? Das Essen sah so gut aus, dass ich mir darüber keine Gedanken mehr machte. Ich setzte mich auf den Stuhl und nahm von all den herrlichen Speisen. In der Zwischenzeit fragte mich die Frau, ob ich nicht etwas erzählen wolle über meine Reise und den Grund dafür, gerade diesen

Planeten zu besuchen. Ich teilte ihr mit, ich käme vom Planeten Erde und dass mir die Art nicht gefiele, wie Menschen und Tiere dort miteinander umgingen. Ich wisse aber nicht, wie ich das ändern könne. Sie sah mich mit großen Augen an. Ich konnte nicht anders, als ihr meine ganze Traurigkeit zu zeigen über das, was sich die Menschen auf der Erde gegenseitig antun. Ein paar Tränen rannen langsam über meine Wangen. Von der Frau fühlte ich mich sehr gut verstanden, obwohl sie regungslos und ganz gerade saß. Dann schlug sie vor, in den beiden bequemen Sesseln am Fenster Platz zu nehmen. Als wir gemütlich saßen und uns eine Weile tief in die Augen geschaut hatten, meinte sie: ›Ich weiß, wie das ist. Vor vielen, vielen Jahren war es hier auf diesem Planeten genauso. Die Menschen, aber auch die Tiere, wurden immer angriffslustiger. Es gab sehr viel Streit, überall waren Unruhe und Lärm. Eines Tages kam es in den Städten sogar zum Krieg. Manche Tiere wurden immer aggressiver und griffen sogar Menschen an. Es war eine furchterregende Zeit.‹

›Aber‹, fuhr sie mit geheimnisvoller und erfreuter Stimme fort, ›es gab in dieser Zeit immer mehr Menschen, die etwas unternahmen, um aus diesem Planeten wieder einen schönen Ort zu machen.‹ Sehr gespannt lauschte ich, um zu erfahren, wie sie es geschafft hatten, die ganzen Kriege und Streitigkeiten zu beenden. Sie schien meine Gedanken lesen zu können und sagte: ›Jeder Mensch, der verstanden hatte, dass er nur mit sich selbst Frieden machen kann, verstärkte das Gefühl auch bei den anderen. Ein jeder musste es nur für sich lernen, ohne es von den anderen zu verlangen. Das war das Schwierige.‹ ›Ja‹, sagte ich ihr, ›das weiß ich, ich schaffe es selbst auch kaum. Wenn mich jemand beißt, habe ich immer sofort den Impuls, zurückbeißen zu müssen.‹ Die Frau schaute mich etwas merkwürdig an. ›Wie meinst du das? Beißt du denn?‹, fragte sie. Da fiel mir ein, dass ich ganz vergessen hatte, dass ich kein Löwe mehr war. Nun wusste ich nicht so genau, wie ich mich herausreden sollte, aber ich entschloss mich, ganz einfach die Wahrheit zu sagen. ›Vor meiner Reise hierher war ich ein Löwe‹, sagte ich und meine Stimme zitterte ein bisschen. Das wird sie bestimmt nicht glauben, dachte ich. ›Ja, ich weiß‹, meinte sie.

Fast fiel ich vom Stuhl. ›Wie ist das möglich?‹, fragte ich. ›Ich brauche dir eigentlich gar nichts zu erzählen, du weißt ja schon alles.‹ – ›Es kommt, weil ich eine totale innere Ruhe habe. Alles in mir ist *friedlich*. Darum brauche ich gar nicht so viel nachzudenken.‹

›Das ist ja wunderbar. Kannst du mir bitte beibringen, wie ich das auch hinbekommen kann?‹, bat ich. ›Wenn dich jemand beißt, sollst du wissen, dass du keine Angst zu haben brauchst‹, antwortete sie. ›Du musst dir nur folgendes vorher überlegen: Wenn du zubeißt, wird dich der andere zurückbeißen. Das endet erst dann, wenn einer zuerst aufhört. Hörst du zuerst auf, bist du zwar ein wenig verletzt, aber du fühlst dich besser. Du könntest dann versuchen, dich zu freuen und dem anderen zu verzeihen, weil er nicht weiß, was er tut. Sicherlich hast du auch schon gehört, dass der Stärkere immer zuerst aufhört, koste es, was es wolle. Und‹, fuhr sie fort, ›dass du dich von einem sehr starken Löwen, der seine große Kraft einsetzen könnte, zum körperlich weniger starken, dafür aber friedlichen Menschen verändern kannst, das hast du ja gerade erlebt, nicht wahr? Es ist kein Märchen.‹

Kennst du den Unterschied zwischen einem Löwen und einem Menschen? Ein Mensch kann selbst darüber entscheiden, wie er sich verhält. Manche Menschen verhalten sich wie *brüllende Löwen*. Andere sind immer friedlich, sie sind für dich die besseren Vorbilder. Von ihnen lernst du, wie du den Krieg auf der Erde beenden kannst. Du wirst es fühlen und wissen, wenn du friedlichen Menschen begegnest, weil du in diesen Momenten eine bestimmte Art von Glück spürst. Solche Menschen geben dir niemals das Gefühl, du seiest dumm oder irgendwie nicht richtig. Sie werden dir immer dabei helfen, das Beste aus dir zu machen, wenn du dich dafür entschieden hast.

Vielleicht hört sich das jetzt ein bisschen merkwürdig an, aber auch die Menschen sind wichtig, die mehr oder weniger häufig brüllen wie ein Löwe. Du brauchst sie, um friedlicher zu werden. Immer wenn dich so einer anbrüllt, denkst du daran zurück, wie du anfänglich selbst als Löwe warst. Auch wenn die Erinnerung daran etwas unscharf ist, weißt du noch, wie schwierig es war, damit aufzuhören, nicht? Möglicherweise wird dich der brüllende Löwe in diesem Fall verwundert fragen, wieso du nicht zurückbrüllst, so wie alle anderen Löwen. Vielleicht fängt er sogar eines Tages an, dich zu mögen, wer weiß.‹

›Ich finde alles ganz spannend, was du da erzählst‹, sagte ich, ›aber ich weiß nicht, ob ich es behalten kann.‹ Da geschah wieder etwas Wunderbares. Die schöne Frau wurde ganz, ganz still. Sie kam in einen Zustand, der so aussah, als würde sie träumen. Ich wurde selbst auch ganz still, so still, wie ich noch nie gewesen war.

Diese Stille auszuhalten war sehr schwierig für mich, und mir wurde fast etwas unheimlich zumute. Jedoch gab mir die Frau das Gefühl totalen Vertrauens. Um sie herum erschien ein wunderbarer Regenbogen. Er strahlte in den tollsten Farben und ich fühlte mich so glücklich wie niemals zuvor. Es schien keine Zeit mehr zu geben, alles um mich herum strahlte genauso. Zunächst ganz leise, dann immer lauter werdend, hörte ich wunderbare Klänge, die mich weiter mitnahmen in einen tiefen Glückszustand. Meine Haut glühte vor Freude. Diese Klänge, die ich noch nie gehört hatte, sie kamen mir so vertraut vor, als hätte ich sie immer schon gekannt. Sie hörten sich ein bisschen an wie OMA, aber es war OM AH OM AH OM AH OM AH HUMMMMMM OM AH OM AH OM AH OM AH HUMMMMMMM.

Alles in mir schwang und vibrierte. Obwohl kein Wasser in der Nähe war, fühlte es sich an wie eine Dusche mit warmen, zarten Tropfen. Dieser Zustand schien ewig zu dauern. Allmählich kam ich wieder zu mir. Alles war wie vorher. Nur eines nicht: Ich fühlte in mir einen wunderbaren Frieden und eine tiefe, tiefe Entspannung.
Die Frau schaute mich mit ihren schönen Augen an und sagte, es sei Zeit zum Schlafengehen. Sie zeigte mir mein Zimmer. Kaum lag ich im Bett, fiel ich in einen tiefen, traumlosen Schlaf. Vom Licht des Regenbogens fühlte ich mich getragen.

Am nächsten Morgen stand das Frühstück schon bereit. Wir aßen nur Obst und tranken etwas Wasser. Dann wurde es Zeit, wieder zu gehen. Zum Abschied umarmten wir uns und wussten beide, wir würden uns eines Tages wiedersehen. Ich schaute in den blauen Himmel, schloss meine Augen und wünschte mir, zur Erde zurückzukehren und das zu tun, was die Frau mich gelehrt hatte. So geschah es. Am späten Abend, es war bereits dunkel, kam ich an. Nach meiner Reise war ich so müde, dass ich mich sogleich niederlegte und einschlief.

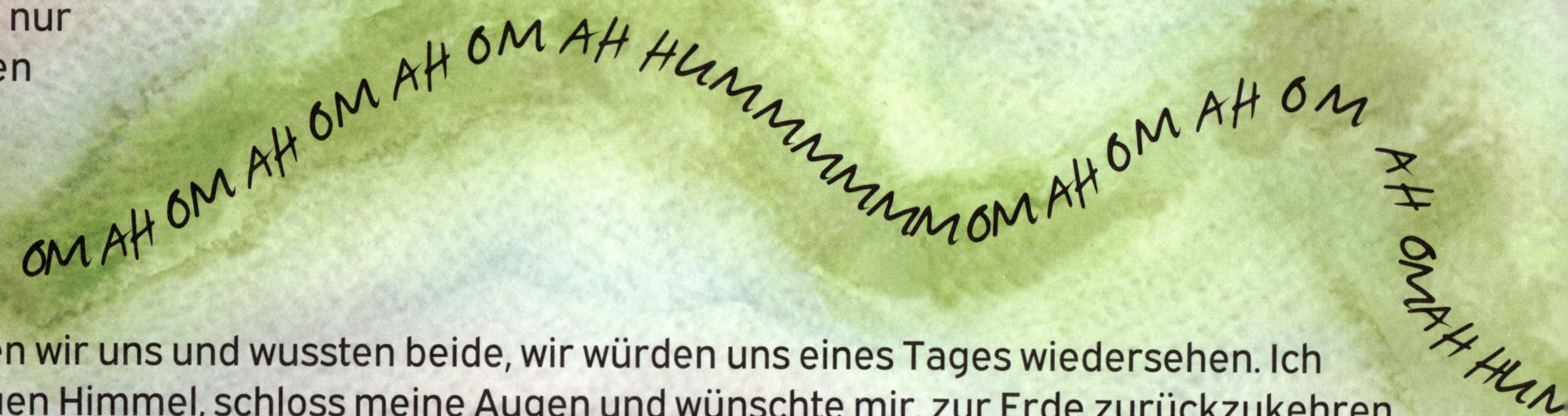

Ich erwachte und erschrak etwas, weil das Bett vibrierte. Als ich die Augen aufschlug, lag neben mir jemand, der laut und friedlich schnarchte und mit seinem Geschnarche das Bett erschütterte. Hin und wieder fuhr er sich mit seiner riesigen Zunge über die Lippen, die wohl ein bisschen trocken waren. Ich brauchte etwas Zeit, um mich an die neue Umgebung zu gewöhnen.

Dabei schien sie eigentlich nur neu zu sein, weil ich gerade von einer langen Reise wiederkam. Ich spürte eine leichte Unruhe in meinem Bauch, aber der Blick des großen Löwen neben mir nahm das grummelige Gefühl sofort wieder weg. Ich sah an mir herunter und bemerkte, dass ich selbst auch eine Löwenhaut hatte. Ich brauchte also keine Angst vor dem Riesenlöwen zu haben. Ganz klar war nur, dass ich zurück auf der Erde war. Eigentlich hatte ich eine andere Vorstellung, aber ich nahm mir vor, das Beste daraus zu machen. Ich stand auf, schüttelte mich, reckte und streckte mich und gab ein Brüllen von mir. Ich war wirklich wieder ein Löwe.

Als ich mich umsah, stand die Sonne schon hoch am Himmel. Mein Magen knurrte und ich wusste nicht, ob das vom Hunger kam oder eine Nachwirkung der Reise war. Oder die neue-alte Umgebung, an die ich mich wieder gewöhnen musste. Vielleicht war es auch von allem etwas. Eines nahm ich mir vor: Ich würde nicht mehr hinter lebendigem Fleisch herrennen. Noch während ich daran dachte, erwachte der Riese neben mir. Er brüllte, reckte und streckte sich und schaute mich an, als wolle er sagen: »Was machst du denn wieder hier?«

Tatsächlich kam es mir vor, als seien wir alte Bekannte, die sich längere Zeit nicht gesehen hatten. Er kam auf mich zu und begann, mich mit seiner großen Zunge zu waschen, wenigstens erschien mir das so. Er tat das ganz liebevoll, es war ein schönes Gefühl. Er nahm sich viel Zeit und war sehr entspannt dabei. Als er fertig war, stand er auf und sah in die Ferne.

Hinter einem kleinen Hügel kamen sechs andere Löwen hervor. Angeführt von dem Riesen liefen sie und ich in die Richtung, in die er geschaut hatte. In der Ferne sah ich eine unübersehbare Menge von Gazellen am Ufer eines Flusses. Alle Löwen spitzten die Ohren und begannen zu schleichen. Langsam und vorsichtig näherten wir uns den Gazellen. Wir sahen uns gegenseitig an. Es war sofort klar, welches der Tiere unsere Beute werden sollte. Nicht der Riese, sondern der zweitgrößte Löwe zwinkerte mit den Augen und gab damit das

Kommando. Wie Pfeile, die einer nach dem anderen von einem Bogen abgeschossen werden, rannten alle Löwen – außer mir selbst – hinter der ausgewählten Gazelle her. Puh, welch eine Gewalt war das! Sie stürmten über die Steppe, Staubwolken hinter sich lassend. Es dauerte nicht lange, bis ein Löwe das Tier am Hals packte und zubiss. Es zuckte noch ein paarmal, dann entwich der letzte Atemzug. Es war tot. Alle Löwen liefen zur Beute und

begannen das Fleisch von den Knochen zu reißen. Bei mir wurde der Hunger nach Fleisch größer als der Wunsch nach Ruhe und Frieden. Langsam näherte ich mich dem Rudel, nahm nur ein bescheidenes Häppchen. Irgendwie fühlte ich mich nicht gut dabei. Zwar schmeckte das Fleisch gut, aber die ganze Jagd vorher hatte mir nicht mehr gefallen. Okay, mein Magen war gefüllt, ich war satt und hatte mich wenigstens ein bisschen anständiger benommen als meine Löwenfreunde. Glücklich war ich jedoch nicht. Ich wünschte mir wieder die schöne weise Frau herbei. Als ich das dachte, schloss ich die Augen und stellte sie mir vor. Sie lächelte mir zu und sagte, ich solle tapfer den Weg weiter beschreiten, den ich mir vorgenommen hätte. Sie werde mir dabei helfen. Wenn ich Fragen hätte, könne ich sie ihr jederzeit stellen. Sie werde aber sowieso auf mich aufpassen, ich bräuchte mir gar keine Sorgen zu machen. So wie eine Mutter auf ihre Kinder aufpasst, würde sie mich immer im Auge behalten und dafür sorgen, dass mir nichts Böses geschähe.

Die Zeit verging und ein Tag war wie der vorherige, jeder nächste wie der letzte: Rennen, Essen, Schlafen, Rennen, Essen, Schlafen. Es wurde so laaaaangggweilig, dass ich eines Tages beschloss, auf die Suche nach etwas Neuem zu gehen. Als alle anderen Löwen schliefen, erhob ich mich ganz vorsichtig. Fast traute ich mich nicht zu atmen. Ich wusste nämlich, es würde ihnen nicht gefallen, dass ich ging. Dann machte ich mich auf den Weg, ohne wirklich zu wissen, wohin. Manchmal halten wir im Leben etwas für gut und richtig. Am besten ist es, wenn es gut und richtig für uns und für alle anderen ist. Dann kann es vorkommen, dass wir einfach Dinge tun müssen, auch wenn sie schwierig sind und wir nicht wissen, wie sie enden werden.«

Dem kleinen gelbäugigen Lamm standen ein paar Lämmertränen in seinen schönen Augen. Dadurch sahen sie noch schöner aus als sie ohnehin waren. Es konnte richtig fühlen, wie schlimm und schmerzlich es für den Löwen gewesen war, Abschied von seinen Freunden zu nehmen. Der Löwe räusperte sich ein wenig, weil auch er immer noch traurig bei der Erinnerung war, seine Freunde verlassen zu müssen.

Dann wandte der Löwe wieder den Kopf und sprach nun zu dem kleinen Lamm mit den grünen Augen: »Jetzt erzähle ich euch allen von meiner Reise zu dem Planeten, der den *grünen Stern* umkreist. Es war eine sehr spannende Reise. Angst braucht ihr aber nicht zu haben. Ihr seht ja, ich bin von all meinen Reisen wieder heil zurückgekommen. Die Ankunft auf dem Planeten des grünen Sterns war schon eine Mutprobe.

Irgendwie hatte ich mich wieder in einen Menschen verwandelt, diesmal in einen jungen Mann mit blauen Augen, schwarzen Locken und strahlender Haut. Natürlich erzähle ich euch das wie eine große Phantasiereise und ihr könnt euch vorstellen, es wäre ein Märchen. Ich habe das wirklich so erlebt, als wäre es echt. Das habt ihr bestimmt auch schon mal erfahren, nicht wahr?

Nachdem ich auf dem Planeten gelandet war und die ersten Schritte gemacht hatte, bemerkte ich nach einiger Zeit ein leichtes Schwingen des Bodens, als würden in der Nähe große Elefanten vorbeilaufen. Zu sehen war nichts. Mit aller Konzentration und Kraft versuchte ich herauszuhören, woher der Schall kam. Er näherte sich schnell. Ein lautes Gebrüll ertönte, viel lauter und aggressiver als das Gebrüll der Löwen. So furchterregend war es, dass ich mich hinter einem Felsen versteckte. In meinem Kopf pochte es vor Aufregung. Dann sah ich, was es war.

Ein *riesiger Drache* näherte sich. Auf seinem langen Rücken, der voller spitzer Stacheln war, saßen zwei Teufel mit scharfen

Flammenschwertern. Es lief mir kalt den Rücken hinunter und der Schweiß brach mir aus. Ich wusste nicht, ob Drachen und Teufel gut riechen können, und hoffte, sie würden mich nicht wittern. Dann hielt der Drache inne, blieb ein paar Meter von mir entfernt stehen und machte einen lauten, tiefen Seufzer. Als er sein riesiges Maul öffnete, spuckte er wie ein Flammenwerfer gelbe, grüne, rote und orangefarbene Flammen in die Luft. Vor Angst zitternd und wie versteinert kauerte ich hinter dem Felsen. Wieder dachte ich an die Frau von dem Planeten des gelben Sterns, die mir ihre Hilfe versprochen hatte, als ich hinter mir eine leise Stimme vernahm: ›Du brauchst keine Angst zu haben. Ich bin dein *Schutzengel* und passe auf dich auf.‹ Langsam drehte ich mich um und schaute in das strahlende Gesicht … eines Engels. ›Du musst nur mit deinem Herzen sehen, dann verschwinden die Teufel und der Drache‹, sagte sie oder er. Ich wusste nicht, ob es eine Frau oder ein Mann war, das konnte ich gar nicht richtig sehen. ›Ich weiß nicht, wie ich das tun soll, mit dem Herzen sehen‹, erwiderte ich. ›Wenn du willst, bringe ich es dir bei‹, sprach der Engel. ›Das würde mich riesig freuen und ich wäre dir sehr dankbar‹, sagte ich. Erst da bemerkte ich, dass inzwischen der Drache und seine beiden Reiter – Gott sei Dank – verschwunden waren. Ich konnte wieder normal durchatmen, allmählich ließ das Zittern nach.

Der Engel reichte mir die Hand und forderte

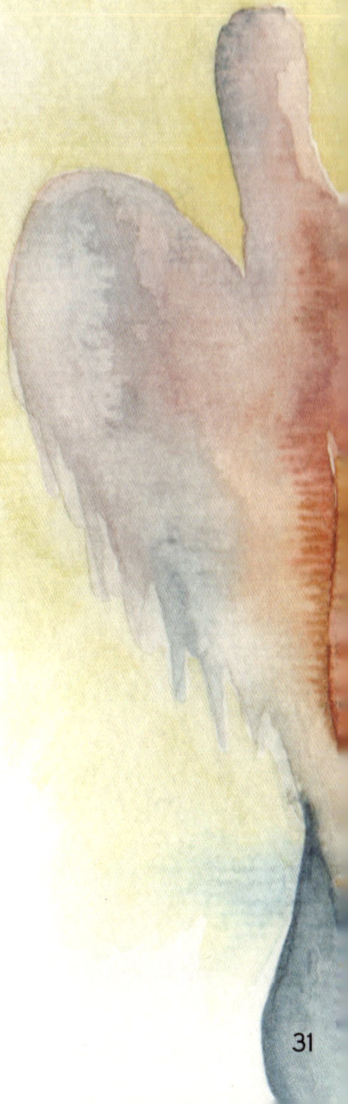

mich auf mitzukommen. Ich hatte sofort das Gefühl, dass mir überhaupt nichts passieren könne, weil er bei mir war. Ich dachte an die schöne Frau und glaubte tief in meinem Herzen, dass sie mir diesen Engel geschickt hatte. Mein Herz machte einen kleinen Hüpfer vor Freude. Fast schwerelos fühlte ich mich. Wir schwebten über den Boden und gelangten nach einer Weile zu einer kleinen Burg. Das große Tor war geschlossen, aber der Engel sprach ein paar Worte in einer unbekannten Sprache, die ich nicht verstand. Das Tor schwang mit einer leichten Bewegung auf. Wir schwebten hindurch auf den Innenhof. Hinter uns fiel das Tor mit einem lauten Geräusch ins Schloss.

›Hier bist du sicher‹, sagte der Engel . ›Woher kommst du?‹ ›Ich komme vom Planeten Erde‹, antwortete ich. ›Ich lebte da als Löwe.‹ ›Warum bist du hierher gekommen?‹, fragte er weiter. ›Das Leben als Löwe gefiel mir zwar, aber es wurde mir etwas langweilig. Ich hatte das große Glück, reisen zu dürfen. Durch meine Reisen habe ich schon viel gelernt und die Erfahrung gemacht, dass das Reisen mich verändert.‹ ›Dann hast du wirklich viel Glück gehabt‹, sagte der Engel. Er begann zu lächeln und sagte strahlend, ich hätte wohl einen guten Schutzengel. Ich erwiderte sein Lächeln voller Freude. Hatte ich doch nun selbst erfahren, was ein Schutzengel bewirken kann und wie hilfreich er ist. Er fuhr fort: ›Ich wollte dich ja lehren, mit dem Herzen zu sehen. Weißt du eigentlich, dass deine Augen dich manchmal belügen?‹, fragte er. Ich hatte noch nie darüber nachgedacht, aber es war schon mehrfach vorgekommen, dass mir das, was ich mit den Augen sah, komisch vorkam.

Besonders das, was gerade mit diesem Drachen und den Teufeln passiert war. ›Ja‹, sagte er, ›*dein Herz sieht und deine Augen schauen.*‹

Zuerst verstand ich das nicht, aber er erklärte es mir etwas genauer: ›Wenn du schaust, willst du etwas sehen. Wenn du siehst, siehst du einfach, ohne etwas zu wollen. Dann siehst du einfach, was da ist und nicht das, von dem du denkst, es sei da. Vielleicht ist es ein bisschen verwirrend, aber wenn du übst, wirst du es schnell verstehen. Stelle dir einfach vor, du hättest zwei Augen in deinem Herzen und tue so, als würdest du mit ihnen sehen statt mit deinen echten Augen im Kopf.‹ ›Ist das wirklich so einfach?‹ Ich zog fragend die Schultern hoch. Zweifel stand in meinen Augen. ›Ja‹, sagte er, ›so einfach ist das. Du solltest es aber jeden Tag üben und nie mehr damit aufhören. Das Einzige, was du brauchst, ist Vertrauen in dich selbst. Gib nicht auf, wenn es mal nicht klappt. Weiterhin sollst du immer entspannt bleiben und nichts wollen, was nicht geht. Du tust einfach das, was du kannst, anstatt das, was du willst.‹ ›Das mache ich‹, meinte ich, ›und vertraue darauf, dass es eines Tages klappen wird.‹

In meinem Kopf herrschte große Verwirrung. Die Gedanken kreisten unentwegt. Ich wusste jetzt gar nicht mehr, was richtig war: schauen, sehen, gucken – alles durcheinander. Ich hatte das Gefühl, ein großer Stein läge auf meiner Brust und ich bekäme keine Luft mehr.

Der Engel sah es mir wohl an und ich war froh, dass er meine Unsicherheit ernst nahm. ›Ich zeige dir eine Übung, um den Druck in deiner Brust und im Kopf etwas zu erleichtern,‹ sagte er. ›Du kannst jetzt ganz, ganz langsam durch die Nase einatmen. Dann ziehst du die Lippen so zusammen, als wolltest du pfeifen. Durch den kleinen Spalt zwischen deinen Lippen atmest du dann ganz, ganz langsam wieder aus. Das nimmt etwas von dem Druck in deiner Brust. Beim Ausatmen sagst du dir selbst in Gedanken: ›Ich habe alles Vertrauen der Welt in mich selbst.‹ Wenn du das jeden Tag ein paarmal wiederholst, wirst du erleben, wie es dir gelingt, dir selbst zu vertrauen. Es ist wie bei vielen anderen Dingen auch. Wenn Du zum Beispiel Klavier spielen möchtest und fleißig übst, kannst Du eines Tages dem Instrument wunderbare Musikstücke entlocken. So ähnlich geht das auch mit dem Vertrauen-Üben.‹
Ich probierte es sofort aus. Und schon nach kurzer

Zeit merkte ich, dass meine Gedanken zur Ruhe kamen und das Kreisen in meinem Kopf aufhörte. Mit einem tiefen Seufzer konnte ich mich wieder entspannen. Ich war neugierig, wie es nun weitergehen würde und schaute mich um, um festzustellen, wo genau ich mich befand.

In der Burg wohnten noch mehr Menschen und alle sahen unterschiedlich aus. Es gab dicke und dünne, kleine und große, mit schwarzen, blonden oder roten Haaren. Es gab nichts, was es nicht gab. So viele Menschen und alle verschieden. Ich versuchte mit dem Herzen zu sehen. Zuerst war es ein bisschen schwierig. Nach einer Weile fiel mir etwas auf: Wenn ich es schaffte, fühlte es sich so an, als sei ich nicht mehr da. Das machte mich zuerst etwas unsicher. Diese Unsicherheit verwandelte sich aber nach und nach in ein schönes Gefühl von *Glück und Leichtigkeit*. Als ich dann wieder auf die verschiedenen Menschen sah, bemerkte ich nicht mehr ihre äußerlichen Unterschiede. Vielmehr sahen alle so aus, als seien sie aus Licht gemacht, ich musste mich erst richtig daran gewöhnen. Meinen Augen traute ich dabei nicht, sondern lieber meinem Herzen, das machte die Welt viel schöner. So übte ich Tag für Tag, wie es der Engel mir geraten hatte. Immer leichter fiel es mir. Ich konnte nach wie vor mit meinen Augen schauen, jedoch war ich in der Lage, selbst zu bestimmen, mit welchen Augen ich sehen wollte, mit denen im Kopf oder mit den Herzensaugen. Wenn ich nicht wusste, ob ich mich richtig fühlte, machte ich einfach wieder die Atemübung.

Nach einiger Zeit schlug mir der Engel vor, wieder durch das große Tor zu gehen, um auszuprobieren, ob ich auch draußen mit dem Herzen sehen könne. In der gewohnten Umgebung der Burg war das einfacher gewesen. Das war nun meine Prüfung. Als ich durch das große Tor schritt, überfiel mich ein Gefühl von Beklommenheit. Ich sprach mir selbst Mut, Vertrauen und Kraft zu und machte mich auf den Weg. Nach einer Weile gelangte ich an einen Wald. Ein kleiner Pfad führte hinein, gesäumt von krummen Bäumen mit dicken, knorrigen Zweigen. Es war ein bisschen unheimlich, und ich hatte schon etwas Angst, dachte aber an die Stimmen meines Engels und der schönen Frau und die Unterstützung der beiden. Das gab mir Zuversicht.

Plötzlich hörte ich ein Geräusch, das sich schnell näherte und immer lauter wurde. Es hörte sich an wie ein starker Wind. Als ich eine große Lichtung

im Wald erreichte, stand vor mir ein riesiges Monster. Mit blutunterlaufenen Augen schaute es mich an. Der erste Gedanke war, mich umzudrehen und wegzulaufen, jedoch waren meine Beine schwer wie Blei. Ich fühlte mich ganz alleine und hatte Angst, zu Boden zu stürzen.
›*Habe Vertrauen in deinem Herzen*‹, ging es mir durch den Kopf und ich erwachte aus meiner Starre. Mit dem Herzen sah ich auf das Monster, und – welches Wunder – es veränderte sich schlagartig und wurde zu einer Fee. Sie näherte sich und nahm meinen Kopf in ihre Hände. ›Du hast deine Mutprobe bestanden‹, sagte sie. ›Du kannst wieder zurück zur Burg und deinem Engel Bericht erstatten. Ein langes und glückliches Leben wünsche ich dir.‹ Sie löste sich in einem Lichtstrahl auf und verschwand in Richtung Himmel. Bewegungslos stand ich da. Welch ein Erlebnis hatte ich gerade gehabt! Ich hätte niemals gedacht, so etwas bestehen zu können, und dann auch noch allein. Glücklich machte ich mich auf den Weg zur Burg, um meinem Engel darüber zu berichten.
Mit einem knarrenden Geräusch schwang das Burgtor auf. Der Engel kam auf mich zu. Seine Augen strahlten vor Freude, als er mich umarmte und mir zur erfolgreichen Mutprobe gratulierte. Ich fühlte mich innerlich ganz groß und war sehr stolz. Das Abenteuer hatte mir geholfen, mir die Selbstzweifel zu nehmen. In der Burg war ein Zimmer für mich vorbereitet. Bei meinem Rundgang zuvor hatte ich es noch nicht gesehen. Eine zufriedene Müdigkeit überfiel mich, als ich mich auf die weiche Matratze legte. Meine Augen wurden schwer und ich fiel in einen tiefen Schlaf. Im Traum erzählte ich meinen Löwenfreunden auf der Erde von meinem tollen Abenteuer.

›So ging die Geschichte auf dem Planeten des grünen Sterns zu Ende«, sprach der Löwe zu dem Lamm mit den grünen Augen. Das Lamm saß da, die strahlend grünen Augen weit aufgerissen vor Aufregung über die spannenden Abenteuer mit all den Monstern und dem Engel. Der Löwe legte seine riesige Tatze vorsichtig auf den Kopf des Lammes und bemerkte, während er sich zu allen anderen umdrehte: »Auf diese Weise können wir alle lernen, keine Angst zu haben. Ich bin so glücklich, dass ich das alles mit euch teilen konnte. Habt ihr Lust, noch etwas über meine nächste Reise zu hören?« Alle Lämmer nickten begeistert, und ihre unterschiedlich farbigen Augen strahlten wie nie zuvor.

Der Löwe drehte jetzt wieder seinen Kopf und

wandte sich dem Lamm mit den *blauen Augen* zu. »Die Reise zu diesem Planeten hatte ich eigentlich nicht vor«, sagte er. »Ich wollte zurück zur Erde zu meinen Löwenfreunden, aber aus irgendeinem Grunde war das nicht möglich.
Auf meinem Heimweg durch das All wurde ich in eine andere Richtung geführt, als ich ursprünglich geplant hatte. Es war ein bisschen so, als nähme mich der Wind mit in Richtung eines riesigen, hellblau strahlenden Sterns. Dieser Stern war bezaubernd anzusehen, ich konnte einfach nicht anders, als mich dorthin schweben zu lassen. Der Wind, der mich trug, führte mich zu einem neuen Planeten. Er war dem *blauen Stern* so nah, dass sein Licht ihn wunderbar beschien. Nach der Landung war ich sofort eins mit dem herrlichen blauen Licht. Es war so, als wäre ich gar nicht mehr vorhanden. Ich brauchte ein wenig Zeit, um mich daran zu gewöhnen. Dann wurde ich umhüllt von wunderbarer Musik. Niemals zuvor hatte ich solche Klänge gehört. Sie waren so hell, dass sie meinen ganzen Körper erfüllten. Ich bewegte mich einfach mit zu diesen Tönen. Ich brauchte gar nicht zu tanzen, sondern die Musik tanzte mit mir und in mir.

Eine geheimnisvolle Kraft spürte ich, eine magische Anziehung, die mich einfach mitnahm zu einem riesigen Palast. Von weitem konnte ich ihn schon sehen. Alles erschien mir wie Licht und Musik. Bäume, Blumen, Menschen und Tiere: *Alles war Licht und Musik*. Zu reden brauchten wir gar nicht. Unsere Gedanken mischten sich wie Licht, wir verstanden uns alle ohne Worte. Ich fühlte mich wie im siebten Himmel. Alles war so leicht. Jeder konnte denken was er wollte, und sofort wussten alle andern, was gemeint war. Niemand sprach in Sätzen, niemand hörte auf Worte; es gab nur Klänge und Musik. Wie konnte das sein, gab es hier nichts mehr zu lernen, weil alles schon klar war? Irgendwie fühlte ich aber nach einer Zeit, dass doch nicht alles so klar war, wie es mir anfänglich vorgekommen war.
»Das wäre auch ein bisschen überheblich«, sagte eine Stimme in meinem Kopf. Wer sprach denn da zu mir? »Ja«, fuhr die Stimme in meinem Kopf fort, »Menschen, die behaupten, alles zu wissen, sagen bestimmt nicht die Wahrheit. Das ist schon mal sicher. Natürlich gibt es Menschen, die sehr viel wissen. Über Computer, Mathematik, über die Natur, über Menschen und ganz viele andere Themen. Aber«, die Stimme sprach in geheimnisvollem Ton, »das, was wir nicht wissen können, weil unser Gehirn es nicht fasst, ist sehr,

sehr viel. Und noch viel wichtiger als alles andere ist die Liebe.« Mir wurde ein wenig schwindelig, weil ich es nicht verstand. Immer schon hatte ich alles getan und gemacht, wie ich es gelernt hatte. Gelernt von anderen, von denen ich glaubte, sie verständen und wüssten alles. Wie sollte ich etwas wissen, das mein Kopf nicht verstehen konnte? »Du warst doch auf dem Planeten des grünen Sterns«, sagte die Stimme. »Da hast du doch gelernt, mit deinem Herzen zu sehen. Genauso kannst du lernen, mit deinem Herzen zu denken. Du wartest einfach, bis all deine Gedanken aufhören. Das kann ziemlich lange dauern und du brauchst ein wenig Übung dafür. Wenn du übst, pass auf, dass du nicht sofort einschläfst. Das ist zwar nicht schlimm, aber erst wenn deine Gedanken aufhören, wirst du von selbst hören, wie dein Herz zu sprechen beginnt. Bevor du aber soweit bist, kannst du all deine Erinnerungen einfach kommen und gehen lassen, wie die Wolken, die vorbeiziehen. In der Zwischenzeit denkst du einfach ganz stark an die schöne Frau mit den schwarzen Haaren. Nach und nach werden die Gedankenwolken weniger, dann schaust du einfach in das Blaue hinein und du verstehst immer mehr von dem, was du auf all deinen Reisen gelernt hast.«

Ich war ein wenig verunsichert von all dem, was mir jetzt gesagt wurde, und ich musste tatsächlich, wie von selbst, an die schöne Frau denken, die mir sagte, sie werde immer auf mich aufpassen. Ganz leicht fühlte ich mich, und ich glaubte wirklich, mich dieser inneren Stimme anvertrauen zu können. Da sprach die Stimme wieder: ›Du gehst jetzt zurück zu deinem Heimatplaneten und übst einfach, mit dem Herzen zu sehen und zu denken. Es kommt die Zeit, in der du es schaffst. Dann werden wir dich wieder zu einer neuen Reise einladen.‹ Die Stimme wünschte mir eine gute Rückkehr zur Erde. Dann war in meinem Kopf nur noch Stille.«

Bewegungslos saßen alle Lämmer, den Blick völlig gebannt auf den großen Löwen gerichtet. Es war immer noch ganz still. Sogar die Zeit schien stillzustehen. Nichts geschah, zumindest sah es so aus. Dennoch geschah sehr viel in dieser Stille.

Ein *großer Regenbogen* wurde sichtbar. Es war jedoch kein normaler Regenbogen, wie er sonst in der Natur vorkommt. Dieser Bogen war rund, und es sah aus, als würde er von den sieben im Kreis sitzenden Lämmern und dem Löwen in der Mitte erschaffen. Fast so, als befänden sich alle gemeinsam innerhalb einer großen Kugel.

Beginnend im Kreis, schien sich das
Licht weiter und weiter auszubreiten.

Der Löwe hatte von seiner Reise das Licht zur Erde mitgebracht. Wie wunderbar, oder? Die sieben Lämmer, die jetzt sogar noch schöner aussahen als zuvor, hofften sehr, er würde noch mehr von seinen Reisen erzählen. Sie waren ja schlau und wussten, dass das Ganze noch nicht zu Ende war. Aber der Löwe rührte sich vorerst nicht. Er saß in der Mitte des Kreises und schien zu schlafen. Normalerweise fällt man ja um, wenn man schläft, aber der Löwe fiel nicht um. Aufrecht saß er mit halb geschlossenen Augen und wirkte sehr glücklich und entspannt. Fast hätte man denken können, er bliebe jetzt für immer und ewig so sitzen. Zu Beginn schauten sich die Lämmer dann und wann noch gegenseitig an. Auch sie wurden immer entspannter, als hätte der Löwe sie mitgenommen auf eine Reise. Genauso war es auch.

Was nun passierte, hättest du nicht für möglich gehalten, wenn du nicht vorher die Erzählungen des Löwen gehört hättest. Alle waren so entspannt, dass sie in einen Zustand kamen, in dem es überhaupt keine Gedanken, keine Gefühle, keine Lammkörper, keine Löwenkörper, keinen Geruch, keinen Gedanken an Fleisch, Wiesen oder Wälder gab. So als wäre überhaupt nichts mehr da, nur eine tiefe, tiefe Entspannung. Spüre mal in dich hinein, kannst du das jetzt fühlen? Vielleicht magst du es dir auch einmal vorstellen und versuchen, ob es dir auch gelingt. Ganz, ganz tief weg, als wenn du gar nicht mehr da wärest.

Jetzt stelle dir einmal folgendes vor: Du bist auf einem Planeten, der in der *Farbe Indigo* strahlt,

Jeder sollte alles dafür tun, die Erde zu einem schönen Ort zu machen!

einem sehr schönen Blau-Violett. Überall ist dieses schöne Licht. Du weißt, dass der Löwe und die Lämmer bei dir sind, auch wenn du sie nicht siehst. Du bist jetzt auf einer Reise und hast nur noch einen Wunsch: Du möchtest wissen, ob die ganze Geschichte wahr ist oder nicht. Aus vollem Herzen wünschst du dir, eines Tages genau zu wissen und sicher zu sein, dass all das, was der Löwe erzählt hat, auch wirklich so ist und kein Märchen.

Übrigens war ich mit auf deiner Reise zu dem Indigo-Planeten, der Löwe und die Lämmer waren auch dabei. Als wir dort waren, hörten wir eine wunderbare Stimme, die ganz eins war mit diesem herrlichen Licht. Die Stimme sagte: »Die Menschen und Tiere auf der Erde sind auf der Suche. Der eine nach Geld, der andere nach einem Freund oder einer Freundin. Wieder andere sind auf der Suche nach Wasser, weil sie es nicht haben. Wieder andere brauchen etwas zu essen und sind froh, wenn sie auch nur einen Löffel Reis bekommen. Dann gibt es Menschen, die haben so viel, dass sie jeden Tag allerlei Dinge wegwerfen. Es gibt welche, die wollen Waffen, Bomben und Raketen, weil sie viele Ängste haben. Auf der Erde gibt es auch viele schöne Dinge. Jeder sollte alles dafür tun, die Erde zu einem schönen Ort zu machen. Einem Ort, an dem Kinder glücklich sind und an dem alle genug zu essen und zu trinken haben. Einem Ort, an dem Kinder spielen können, ohne Angst haben zu müssen vor anderen Kindern oder vor bösen Menschen. Die Erde soll ein Ort sein, an dem alle Kinder Vertrauen haben können und das lernen können, was sie wollen. Wenn alle tun, was sie können und an eine schöne Erde glauben, wird das eines Tages möglich sein.«

Die Stimme sprach so klar und mit so viel Liebe, dass wir nichts anderes tun konnten, als es zu glauben. Wir fühlten uns gestärkt im Vertrauen zu uns selbst. Das war ein ganz tolles Gefühl. Die Stimme fuhr fort: »Um das zu tun, was wir können, ist es wichtig, fest an das Gute und Schöne in uns selbst zu glauben. Wir alle sind Kinder des Lichtes, in dem ihr jetzt seid. Dieses Licht wird euch immer stärken, wenn ihr Vertrauen habt in die Geschichte des mutigen Löwen. Er hat euch gezeigt, dass das Unmögliche möglich wird, wenn ihr ein tiefes, festes Vertrauen habt.«
Es war ein so tolles Gefühl, wir waren alle eins, und es gab überhaupt keinen Zweifel an der Wahrheit dessen, was die Stimme gesagt hatte.

Dann sprach die Stimme: »Zum Schluss möchte

ich euch um einen Gefallen bitten. Mein allergrößter Wunsch ist es, jetzt eine gemeinsame Reise zu machen. Sie führt zu einem Planeten, der den *violetten Stern* umkreist. Auf diesem Planeten setzen sich alle Erfahrungen und Erkenntnisse, die auf den anderen Planeten gewonnen wurden, wie ein Puzzle zusammen. Euch werden die Augen geöffnet für alles, was ihr bis jetzt nie glauben konntet. Man kann es nicht in Worte fassen. Vielmehr ist es wie der Eingang zu einem Ort, an dem alle in Frieden und Liebe miteinander sind. Wart ihr einmal dort, werdet ihr den Frieden überall hin mitnehmen, wohin ihr kommt. Ihr werdet ihn verbreiten, das ist mein allerallergrößter Wunsch.« Wir waren froh und dankbar, es war ein überwältigendes Gefühl, das aus unseren Herzen strömte. Ohne Zögern wurden wir mitgenommen zu dem Planeten des violetten Sterns.

Erst dort verstanden wir, was die Stimme gemeint hatte. Es gab keine Fragen mehr. Alles war klar, alles hatte seinen Platz und seinen richtigen Rhythmus, seine richtige Zeit, es war das Gefühl des

Einsseins mit allem. Und dieses Einssein gibt es immer und immer auf diesem Planeten.

Plötzlich konnte wir alles ohne unsere Augen wahrnehmen. Wir waren eins mit allem und alles war eins mit uns. Wir waren die Sterne und das Licht, wir waren die Flüsse und die Berge, der Schnee und die Sonne, die Tiere und die Menschen.

Wir waren das Alles und das Nichts,
die Liebe und das Licht,
alles war Frieden.

Gleichzeitig war uns aber bewusst, dass wir wieder zurück zur Erde mussten. Diese ganz tiefe Entspannung war so schön, dass es uns schwerfiel, wieder zu uns selbst zu kommen. Natürlich wären wir gern in diesem Zustand geblieben. Wir schüttelten, reckten und streckten uns und waren wieder im Hier und Jetzt. Wir wussten alle, wir sollten zum Frieden auf der Erde beitragen und nahmen uns fest vor, alles dafür zu tun, die Erde tatsächlich zu einem schöneren Ort zu machen. Wir versprachen uns gegenseitig, uns für immer und ewig miteinander zu verbinden, um gemeinsam zurück zur Erde zu gehen und vertrauten darauf, eines Tages dem großen, mutigen Löwen folgen zu können, genauso zu glauben und uns selbst zu vertrauen.

Als wir aus dem Traum erwachten, waren wir wieder am Anfang dieser Geschichte. Auf der Wiese mit dem Baum, nah beim Teich, wo ich den Löwen und die Lämmer zum ersten Mal gesehen hatte. Diesmal saß ich aber nicht hinter dem Baum wie zuvor, sondern mitten im Kreis des Löwen und der Lämmer. Wir schauten uns alle an und wussten ganz tief in uns, dass wir gemeinsam unterwegs waren. Nicht in einem normalen Traum, wie wir ihn aus dem Schlaf kennen, sondern in einem Zukunftstraum, einer Art Vision, die eines Tages Realität für alle wird.

Die Lämmer streckten ihre Beine, so wie Lämmer das eben tun, schüttelten ihre Köpfe und hüpften so leicht wie noch nie in verschiedene Richtungen über die Wiese. Ich schaute ihnen so lange nach, bis sie aus meinem Gesichtsfeld verschwanden, wischte mir eine Träne aus den Augen, stand vorsichtig auf und streichelte den Löwen.

Auch der Löwe erhob sich und schaute mir tief in die Augen. Dann sagte er: »Ich mache mich auf den Weg und schaue mal, ob es noch mehr Löwen gibt, die so viel Mut haben wie ich.« »Daran zweifle

ich nicht«, meinte ich. »Was wirst du denn tun?«, fragte mich der Löwe. »Ich werde alles tun, was mir möglich ist, um deine Geschichte wahr werden zu lassen. Und ..... ich möchte, dass alle Kinder, die die Berichte über deine Reisen gehört oder gelesen haben, irgendwann dasselbe tun.« Der Löwe breitete die Vorderbeine, ich die Arme aus, wir verbanden unsere offenen Herzen und drückten uns innig. Dann machten wir uns beide auf den Weg.

Tief in uns wussten wir, wir waren nie mehr allein.

Ergänzende Information:

In diesem Buch sind viele Farben beschrieben worden. Nach fernöstlichen Lehren symbolisieren diese Farben verschiedene Energiezentren und Bewusstseinsqualitäten des Energiekörpers, wovon die sogenannten Chakren lediglich ein Teil darstellen. Wie Sinnesorgane für unseren physischen Körper funktionieren, sind die Chakren subtile »Organe«, die unsere energetische Entwicklung steuern und unser Bewusstsein weiterentwickeln. Als »Schleusen« bieten sie eine zusätzliche Ebene, um das Feinstoffliche von allem um uns herum (zum Beispiel Pflanzen, Tieren, aber auch Menschen) »anders« wahrzunehmen und zu erkennen. Sie sind damit eine tiefere Form der Kommunikation.

Immer mehr Menschen ist bekannt, dass wir mehr sind als nur unsere physischen Körper, und Wissenschaftler beginnen, die alten Weisheiten mit modernen Mitteln zu überprüfen. Das uns bekannte, sichtbare Licht hat Ähnlichkeiten mit der Energie, die in unserem Energiesystem zirkuliert. Auch nicht sichtbares Licht, wie z.B. Ultraviolett und Infrarot existiert. Die Energien in unseren Chakren sind mit unseren Augen für die meisten nicht sichtbar, aber auch sie haben eine gewisse Schwingung. Wir können lernen, diese zu erfühlen und zu sehen.

Die Chakren liegen auf einer zentralen Achse im Körper ungefähr zwei Zentimenter vor der vertikalen Mittellinie. Insgesamt gibt es sieben Hauptchakren, die von unten nach oben auf dieser Linie liegen. Das untere Chakra zeigt nach unten, die mittleren fünf nach vorne und das obere nach oben. Jedes Chakra hat seine eigene Farbe, die nicht unbedingt maßgebend ist, sondern lediglich der besseren Unterscheidung und Zuordnung dient. Wichtiger ist es, dass wir die Chakren als Maß eines Evolutionsschrittes in unserer Entwicklung als Mensch sehen. Jedes Chakra hat eine gewisse emotionale, mentale und spirituelle Qualität, die sich entwickelt, wenn sich unser Bewusstsein erhöht. Auf spielerische Art werden sie in diesem Buch vorgestellt und machen uns mit den Qualitäten bekannt.

Ein Buch ist immer ein Gemeinschaftsprojekt, an dem viele Personen mitarbeiten.

Von der Idee bis zum tatsächlich gedruckten Buch, was Sie nun in den Händen halten, geht neben vielen Gedanken und Gesprächen viel Energie und Zeit dahin.

Für die Umsetzung und Verwirklichung meiner Ideen war die Hilfe und Mitarbeit von Christine Lemke von außerordentlicher Bedeutung.

Ganz besonderer Dank gilt Andrea Tschöp, die sich auf den Text liebevoll eingelassen hat und mit ihren wunderschönen Bildern nun den Inhalt veranschaulicht und die gesamte Gestaltung übernommen hat.

Ohne Text kein Buch, aber ohne Hilfe von frischen Augen, die einfach mal lesen und Rückmeldung zu Verständlichkeit, Formulierungen und Anregungen geben, wäre vieles unklar geblieben.

Deshalb gilt auch Christel Rotter, Ingrid Lange, Conny Hartmann und vielen Kindern, die mich an ihren tiefsten Träumen Teil haben ließen, mein Dank.

Auch meinen spirituellen Lehrern, die mich die Weisheiten des Lebens lehrten, möchte ich von tiefstem Herzen danken.

Meiner Frau und meinen Kindern, die mehr sind als meine Familie, möchte ich auf diesem Wege ein besonderes Danke sagen für alle Erkenntnisse, die ich mit ihnen machen durfte.

Nicht zu vergessen sind all die lieben Menschen, mit denen wir in der ein oder anderen Beziehung stehen und die durch ihr Da-sein eine unerschöpfliche Unterstützung für mich, beziehungsweise uns, darstellen.

Schön, dass es Euch alle gibt!

Hallo,

mit diesem Buch habe ich, Stan, mir einen meiner Träume erfüllt.

Als Kind hatte ich unzählige Träume, wahrscheinlich genauso wie du und viele Erwachsene.

In meinem Beruf unterstütze ich Menschen dabei, ihre Träume zu verwirklichen. Der größte Traum von Erwachsenen ist es, gesund zu sein.

Kindern sollten alle Wege offen stehen, um ihnen das Vertrauen zu bewahren, an ihre Träume zu glauben.
Dieses Vertrauen geht leider vielen Kindern beim Erwachsenwerden verloren.

Ich bin davon überzeugt, dass es Kindern und Erwachsenen möglich ist, an ihren Träumen festzuhalten und sie umzusetzen.

Das gelingt am besten, wenn Kinder dabei von Erwachsenen ermutigt und begleitet werden.
Dieser gemeinsame Weg führt in eine liebevollere und bessere Zukunft.

Kinder verkörpern immer einen Neubeginn.
Solange sie ihr Selbstvertrauen stärken und den Glauben an sich selbst festigen, erwartet uns eine schönere Welt.

Die brauchen wir alle. Also glaube an dich!

Ich wünsche dir alles Gute für deine Zukunft und traumhafte Ideen.

Hör auf dein Herz!

Alles Liebe

Stan Geurts

Hast du Lust deine Ideen auf dieser leeren Seite aufzuzeichnen? Vielleicht für später?
Sieh diese Ideen oder Träume wie einen Keimling, der durch deine Pflege zu einer Pflanze oder gar einem Baum wird.